Die geheimen Liebeskünste der Jadefrauen

Über dieses Buch

Die Körper sind weise, sie teilen alles mit, was es braucht, um sich schön, gesund und orgasmisch zu fühlen.

Mit den 4000 Jahre alten Übungen der Jadefrauen lassen sich innere Fühllosigkeit, mangelnde Feuchtigkeit und orgasmisches Erleben natürlich wiederherstellen.

Dies führt zu hohem weiblichen Selbstbewusstsein, Gesundheit und strahlender Schönheit.

Hinweis

Die Autorin dieses Buches gibt hier keine medizinischen Empfehlungen und verordnet auch nicht – weder direkt noch indirekt – den Einsatz irgendeiner Methode im Sinne einer Behandlungsart für medizinische Probleme. Absicht der Autorin ist, allgemeine Informationen anzubieten, um Dir zu helfen, ein lustvolles und glückliches Leben zu genießen. Falls Du Informationen aus diesem Buch für Dich anwenden möchtest, behandelst Du Dich selbst, was Dein freies Recht ist, Autorin oder andere Mitwirkende übernehmen in diesem Fall keinerlei Verantwortung für Dein Tun und dessen etwaige Folgen.

Bealuna del Mar

Die geheimen Liebeskünste der Jadefrauen

Strahlend schöne Weiblichkeit und erfüllende Orgasmen mit den 4000 Jahre alten Jadefrau-Übungen, ein ganzheitlicher Weg zu Lust und Liebesglück.

Bibliografische Information der Deutschen Nationalbibliothek:
Die Deutsche Nationalbibliothek verzeichnet diese Publikation in
der Deutschen Nationalbibliografie; detaillierte bibliografische
Daten sind im Internet über http://dnb.d-nb.de abrufbar.

Impressum
Titel der Originalausgabe: „Die geheimen Liebeskünste der
Jadefrauen"
Copyright: © 2021 Bealuna del Mar
Erstauflage 2021
Alle Rechte vorbehalten.

Umschlaggestaltung, Illustration: Nathalie Geiger, Beate Werner
Lektorat, Korrektorat: Monika Wolf
Buch-Innenlayout: buchseitendesign by Ira Wundram
Herstellung und Verlag: BoD – Books on Demand, Norderstedt

ISBN 978-3-7534-0507-0

*Orgasmisch sein ist die Natur der menschlichen Körper,
die wieder zu entdecken mein großes Anliegen war
und ist. Die Körper sind weise, sie teilen alles mit,
was es braucht, um sich schön, gesund und
orgasmisch zu fühlen.*

*Es ist mir eine große Freude und ein Vergnügen,
das mir eröffnete Wissen und meine Erfahrungen aus
mehr als 12 Jahren Jadefrau-Übungen
zusammenzufassen und die tiefe Weisheit der vor
4000 Jahren lebenden Jadefrauen zu ehren und
in die heutige Welt zu tragen.*

*Allen Frauen und Männern, die auf der Suche sind
nach sich selbst und den Wundern ihres Körpers,
um orgasmische Erfüllung, Weisheit und Schönheit
auf natürliche Art wiederherzustellen.*

Bealuna del Mar

Wie sinnlich bist du?

Mache hier den Test und erfahre mehr über dieses Thema und über dich selbst:

https://bealuna.sinnlichesfeuer.com/anmeldung-test/

Inhaltsverzeichnis

Einleitung

Über dieses Büchlein, über mich und die Jadefrauen-Übungen

Dieses Büchlein möchte dich unterstützen, zu jeder Zeit und an jedem Ort der Welt deine starke weibliche Kraft in dir zu fühlen, in sie zu vertrauen und dich strahlend und sinnlich zu zeigen. Es möchte dazu beitragen, dich dazu zu befähigen, auf natürliche und liebevolle Art mit Leichtigkeit Orgasmen und Ekstase zu erleben und dadurch den unendlichen Fluss deiner Kreativität anzuregen. Auf diese Weise wirst du dich schöner, jugendlicher und selbstbewusster fühlen und unabhängig in deinem Fühlen und Handeln sein.

Ich wünsche mir, dass die Geheimisse, die in diesem Buch beschrieben sind, sich dir immer weiter eröffnen mögen und du nach und nach tiefer und tiefer die wundervollen Möglichkeiten deines weiblichen Körpers für dich entdeckst – wie bei einem Juwel, bei dessen Betrachtung du immer wieder neue Facetten entdeckst.

Wann immer du dieses Buch in die Hand nimmst, wirst du ein Mittel haben, um dich schnell und zuverlässig frei und sinnlich zu fühlen und Freude und Lust zu erleben. Im Moment des Öffnens dieses Buches wirst du ein Tor durchschreiten, das Tor zu deiner universellen Schöpferkraft. So kannst du dich jederzeit an die mächtige Präsenz deines Wunderkörpers anbinden, deine Kreativität voll entfalten und die Weisheit und den Reichtum des Universums für dich erschließen.

Die geheimen Liebeskünste der Jadefrauen sind über 4000 Jahre alt, äußerst wirksam und intensiv. Ihre Anwendung hat sich bei vielen Frauen bewährt, bei manchen geht es sehr schnell, andere müssen ein wenig länger damit üben. Die Essenz der Liebesgeheimnisse ist in den sechs Übungen der Jadefrauen vollständig und umfassend enthalten. Jede Einzelne der sechs Übungen ist bis ins Detail durchdacht, wirkt tiefgehend und sehr effektiv, sodass du – regelmäßiges und korrektes Ausführen vorausgesetzt – in immer tiefere Schichten deines körperlichen und emotionalen Bewusstseins eindringst.

Am Ende steht für dich ein wundervolles Ziel: das vollumfängliche Fühlen all deiner weiblichen körperlichen Möglichkeiten, ein beständiger kreativer Flow und das leichte Erreichen von Orgasmen bis hin zur Ekstase. Die Jadefrau-Übungen bringen darüber hinaus Verspieltheit in dein Liebesleben und bieten dir allein oder mit dem Partner eine willkommene bereichernde Abwechslung. Sogar die natürliche Verhütung und Balance all deiner Hormone ist durch Energielenkung mit den Übungen möglich. Ich verstehe die Übungen NICHT als Beckenbodentraining, wenngleich auch dies mit ihnen möglich ist, es würde ihnen aber nicht gerecht werden, auf das rein Körperliche reduziert zu werden.

Diese Übungen sind etwas abgewandelt auch für Männer geeignet, denn auch sie dürfen ihre weibliche empfängliche Seite noch viel mehr leben; und ein bewegliches Becken hilft schließlich auch beim Tanzen.

Seit 12 Jahren übe ich selbst die Jadefrau-Übungen und entdecke immer neue Wunder dabei. Vor zwei Jahren begriff ich erstmalig, wie genial sie sind, wenn sie mit einem Mann gemeinsam bei der Vereinigung durchgeführt werden. Für viele meiner Kundinnen sind die Jadefrau-Übungen zu ihren Lieblingsübungen und zum täglichen lieb gewordenen Ritual geworden, das sie nicht mehr missen mögen.

Mögen die geheimen Liebeskünste der Jadefrauen dir den erfüllenden Sex und die Liebesbeziehung ermöglichen, die du dir immer erträumt hast, und damit eine Bereicherung deines gesamten Lebens sein.

Über mich

Meine ersten Kindheitsjahre verbrachte ich im Osten Berlins bei meiner Oma, die mich abends beim Einschlafen immer die Arme auf die Schlafdecke legen ließ, um mich nicht „da unten" zu berühren. Sehr früh gewöhnte ich mir an, meine Gefühle für mich zu behalten.

Als ich mit 12 meine erste Regel bekam, freute ich mich, endlich eine richtige Frau zu sein. Doch von meinen Mitschülern wurde ich wegen meines Körpers gehänselt, der nicht den Idealmaßen zu entsprechen schien. Ich fing an, stark auf mein Gewicht zu achten. Meine Laune wurde von der Anzeige der Waage abhängig.

Mein erster Sex mit 15 war schmerzhaft. Ich tat es, weil ich wissen wollte, wie es sich anfühlte, und weil ich mich als Frau erfahren wollte. Sexuelle Lust konnte ich auch in der Folge mit Männern nur selten voll auskosten. Häufig kurz vorm Orgasmus aus Angst vor Schwangerschaft allein und unbefriedigt zurückgelassen zu werden, hinterließ bei mir nachhaltige Enttäuschung.

Mit 25 heiratete ich. Wir bekamen zwei wunderbare Söhne. In den 12 Ehejahren hatten wir das, was man allgemein als „gutes Sexleben" bezeichnet, doch wir stritten uns sehr oft über verschiedene Dinge des Alltags. Als wir uns scheiden ließen, brach für mich eine Welt zusammen.

Mit meinem neuen Partner wollte ich nun alles besser machen. Er war liebevoll und treu sorgend. Sein Alkoholkonsum überschattete schon bald unsere Beziehung und ließ unser Sexleben absterben. Als Projektmanagerin in der Pharmaindustrie und mit zwei kleineren Kindern war ich zudem stark angespannt.

Ich begann immer mehr kleine Krankheiten zu entwickeln, nahm diverse Medikamente gegen Migräne, zum Einschlafen, gegen Heuschnupfen, Herpes usw. Eine verständnisvolle Ärztin, die erkannte, was mit mir los war, schickte mich in eine zweijährige Psychotherapie.

Nach acht Jahren brach ich aus der Beziehung aus und verliebte mich in einen anderen. Meinen Wunsch nach Trennung beantwortete mein Partner damit, dass er sich das Leben nahm. Wie betäubt und voller Schuld fühlte sich meine Gebärmutter an wie ein Stein. Ich kam dadurch vorzeitig in die Menopause.

Im Sommer darauf lernte ich die faszinierenden Jadefrau-Übungen kennen, die ich bis heute täglich übe. Mit der Zeit begann ich immer mehr meinen Körper und mich selbst zu fühlen und mein Drang nach einem sinnerfüllten Sein und Wirken nahm zu. Ich erkannte, wie meine geistig-seelische Verfassung mit meinem Körper zusammenspielte.

So entschied ich mich, nach 15 Jahren Projektmanagement im Alter von 53 Jahren zu kündigen, und begab mich auf den spannenden Weg ins Unternehmertum. Nach vielen Ausbildungen zur Yogalehrerin, Massagetherapeutin und zum Coach startete ich 2016 mein Onlineunternehmen und begleite seitdem Menschen als Mentorin in ein sinnliches und erfülltes Leben in Liebe und Business.

Die Gefühle in meinem ganzen Körper voll auszukosten, genau zu wissen, was es für mich braucht, um mich zu erregen, feucht zu werden und Orgasmus und Ekstase allein oder mit einem Mann zusammen zu erleben, gibt mir das Gefühl von Erfüllung und Unabhängigkeit und schenkt mir unendlich viel Freude, Energie und Selbstbewusstsein. Das gebe ich mit Begeisterung an meine Kundinnen weiter.

Die Jadefrauen-Übungen

Die geheimen Liebestechniken der Jadefrauen sind in den sechs Jadefrau-Übungen vollständig enthalten. In den mehr als 13 Jahren Üben und Beschäftigen mit ihnen durchdrang ich sie zunehmend tiefer und entdeckte immer neue Facetten und Möglichkeiten, so, als wenn du einen guten Film oder ein gutes Buch mehrfach liest und immer wieder Neues und Überraschendes darin findest.

Die Jadefrauen-Übungen sind im alten China vor etwa 4000 Jahren entstanden. Zu dieser Zeit lebte der Gelbe Kaiser. Er war berühmt für seine Gelehrtheit und schrieb umfangreiche medizinische Abhandlungen. Sexualität war damals bereits als Heilkraft anerkannt und nahm einen wichtigen Platz im Leben der Menschen ein. Der Gelbe Kaiser hatte vermutlich deshalb so viele Frauen – und das waren die Jadefrauen. Über sie ist nur wenig überliefert. Sie standen ihm nicht nur für Liebesdienste, sondern auch mit ihrer Weisheit für wichtige Beratungen zur Verfügung.

Für die Jadefrauen war es äußerst wichtig, schön und jugendlich anziehend zu bleiben. Das garantierte ihnen ein gutes und sicheres Leben im Wohlstand des Harems. Kam es zum Stelldichein mit dem Gelben Kaiser, so war es die Aufgabe der Frau, die Lust und das sinnliche Spiel in Gang zu bringen, ihn zu bezaubern, liebevoll und mit Hingabe den

Genuss möglichst lange und ausgiebig zu zelebrieren. Dazu war es unabdingbar, zunächst selbst in einen Zustand der Lust zu gelangen und den Kaiser schließlich mit der eigenen Grazie, Schönheit und Anmut zu verführen. Das war eine sehr wichtige Aufgabe, die volle Aufmerksamkeit erforderte.

Wie war das möglich? Die Frauen haben sich etwas ausgedacht, wie sie sich immer lustvoll und bereit fühlen konnten, um sich und dem Kaiser die höchste Sinneslust zu ermöglichen. Sie fanden heraus, wie sie mit wenig Aufwand sehr effektiv nicht nur ihre Lust, sondern auch ihre Schönheit und Jugendlichkeit erhalten konnten. Mehr noch: Sie konnten damit sogar ihre Fruchtbarkeit auf eine natürliche Art und Weise steuern – das waren die Jadefrau-Übungen.

Da die Übungen so machtvoll waren, wurden sie geheim gehalten und nur mündlich von Frau zu Frau weitergegeben. Glücklicherweise sind sie bis in die Gegenwart erhalten geblieben, sie sind jedoch kaum bekannt. Dort, wo sie bekannt waren, wurde ihr Wert meist nicht in dem Maße erkannt, den sie tatsächlich verdienen.

In diesem Buch erhältst du die kompletten Übungsanleitungen der geheimen Liebeskünste der Jadefrauen. Du erfährst, was du beachten musst, damit sie auch bei dir ihre Wirkungen vollständig entfalten können.

Das Geheimnis

Was könnte es wohl Schöneres geben als eine Frau, die sich ihrer sinnlichen Weiblichkeit vollkommen bewusst ist, die ganz natürlich mit ihrer Lust umgeht und die genau weiß, was ihr guttut und wie sie das auch für sich erhalten kann? Bist du bereit, das Geheimnis zu erfahren, wie das für jede Frau und auch für dich zu jedem Zeitpunkt möglich ist?

Ich selbst habe dieses Geheimnis vor 15 Jahren von einer Thailänderin erlernt, als ich an einem Punkt in meinem Leben angelangt war, an dem ich mir nur noch eins wünschte, nämlich endlich ein sinnliches, orgasmisch erfülltes Liebesleben zu haben. Ich wollte meine Lust richtig spüren und in das totale Loslassen, in den sogenannten kleinen Tod kommen – la petite morte, wie die Franzosen so schön sagen. In meiner Partnerschaft war mir das nicht möglich gewesen und ich litt wie eine Drogenabhängige auf Entzug.

An einem warmen Sommertag begab ich mich also auf den Weg in dieses Seminar in Berlin, um zu lernen, was es dazu für mich brauchte. Dieses Seminar sollte ein Wendepunkt in meinem Leben werden. Was ich dort lernte, begleitet mich seither täglich. Weil es so machtvoll, so essenziell und tiefgehend für jede Frau ist, die ihren Körper und ihre Lust leben möchte, habe ich beschlossen, dieses Geheimnis für die Frauen in aller Welt zugänglich zu machen.

Was hat es also mit diesem Geheimnis auf sich und warum ist es so wertvoll? Um diese Frage zu beantworten, müssen wir uns in eine alte Zeit, die rund 4000 Jahre zurückliegt, und an einen sehr fernen Ort auf unserem Planeten begeben.

Die Geschichte beginnt wie in einem Märchen – nur dass es sich tatsächlich so oder so ähnlich abgespielt hat.

Vor mehr als viertausend Jahren lebte ein armes Mädchen namens Ylang Yin bei ihren Eltern auf dem Dorf. Die Eltern liebten ihre Tochter, waren aber so arm, dass sie sie aufgrund ihrer Schönheit und Anmut an den Harem des Gelben Kaisers verkauften, um zu überleben.

Der Gelbe Kaiser war ein mächtiger und intelligenter Mann, der sich viel mit der Heilkunst beschäftigte. Er war davon überzeugt, dass die sexuelle Energie große Heilkraft besitzt, jung hält und demjenigen ein gesundes langes Leben beschert, der sie intelligent für sich zu nutzen weiß. Daher hatte er sich einen Harem zugelegt, aus dem er sich täglich eine Konkubine für das Liebesspiel zu sich kommen ließ. Eine Frau, die einmal im Harem des Kaisers gelandet war und ihm Freude spendete, wenn er es wollte, konnte dort ein sicheres und langes Leben in Wohlstand führen.

Ylang Yin war so eine junge Frau, die nun in den Harem kam. Dort sollte sie die Liebeskünste der Jadefrauen erlernen, um dem Kaiser zu dienen. Es war die Aufgabe der älteren Frauen im Harem, sie darin einzuweihen und sie darauf vorzubereiten, wie sie dem Kaiser begegnen musste, wenn er sie das erste Mal begehren würde.

Die Jadefrauen vertrauten Ylang Yin ihre größten Geheimnisse an. Die Auserwählte musste den Kaiser mit ihrer Schönheit, Anmut und Grazie erregen, entzücken, ihn locken, die Lust kraftvoll schüren, sie möglichst spielerisch ausdehnen und sich selbst und ihn mit ihrer Geschmeidigkeit und Sensibilität in die Ekstase versetzen.

All das musste sehr leicht sein. Oft waren auch Ausdauer und Finesse gefragt, wenn der Kaiser in Gedanken festhing. Ganz wichtig war, dass sie selbst beim Zusammentreffen mit dem Kaiser schon lustvoll und erregt war, denn anderenfalls hätte all das nicht funktioniert.

Die schöne Ylang Yin erfuhr also staunend, dass sich die Frauen des Gelben Kaisers in der vielen Zeit, in der sie allein waren, intensiv mit ihrem weiblichen Körper befasst hatten und die vollkommene Kontrolle über ihre Lust, jugendliche Schönheit und natürliche Verhütung erlangt hatten. Sie wussten ganz genau, was zu tun war, um sich selbst und auch den Kaiser in berauschende Ekstase zu versetzen, und dass die weibliche Lust nur über ein geöffnetes Herz wirklich tief und erfüllend ist.

Dieses große Geheimnis waren die Jadefrau-Übungen – so wurden diese machtvollen Techniken genannt, die damals nur mündlich von Frau zu Frau weitergegeben wurden und keinesfalls nach außen gelangen durften. In diesem kleinen Buch wirst du sie von mir erfahren.

Die Übungen zielen darauf, dich wieder auf deine volle weibliche Lust zu besinnen und sie selbst in die Hand zu nehmen, anstatt das den Männern zu überlassen. Wenn du damit beginnst, wirst du wahre Wunder erleben. Deshalb sind das vermutlich auch die Lieblingsübungen meiner Kundinnen geworden.

Nicht nur, dass die Übungen dir Power und Kontrolle über deine Lust bringen, sie lassen dich auch tiefere Orgasmen in Vagina und Becken fühlen, zaubern eine schöne Taille und geschmeidige Hüften und schenken dir Leichtigkeit und Flexibilität. Du lernst mit deiner Schönheit und Grazie zu verführen und dein offenes Herz zu erhalten. Darüber hinaus wirst du dir mit diesen Übungen inneren und äußeren Reichtum in dein Leben ziehen.

In den folgenden Kapiteln erzähle ich dir, wie das Mädchen Ylang Yin beim Eintritt in den Harem des Gelben Kaisers die sechs Übungen der Jadefrauen von einer älteren Jadefrau lernte, und du erhältst die genauen Übungsanleitungen zum Nachmachen. Darüber hinaus steht dir ein separater Videokurs mit oder ohne persönliche Begleitung zur Verfügung. Die Information, wie du ihn bei mir erwerben kannst, findest du am Ende dieses Büchleins.

Woman with Brown Hair, Bealuna del Mar, 2015, Acryl auf Karton

1 Die Lotusknospe stärken

Sicher, frei, voller Power und heiß sein

„Lass jetzt alles los, was bisher war, und lass dich ganz auf dein neues Leben hier im Harem des Gelben Kaisers ein", mit diesen Worten begann die Jadefrau die allererste Unterweisung von Ylang Yin. „Wenn du dich exakt daranhältst und machst, was ich dir sage, dann wirst du hier nicht nur ein leichtes und schönes Leben haben, sondern du kannst auch eine reiche und machtvolle Frau werden.

Falls Du aber nachlässig bist und glaubst, dass du tun kannst, was du möchtest, dann sei dir gewiss, dass dein Aufenthalt hier nicht von langer Dauer sein wird. Wenn das geschieht, wirst du wieder in die Armut zurückkehren und niemand wird sich um dich kümmern.

Aber ich bin überzeugt, dass du es schaffen wirst", sagte die Jadefrau zu Ylang Yin. „Gleich heute werde ich mit deiner Unterweisung anfangen", fuhr sie fort. „Vermutlich wird dich der Kaiser bald zu sich rufen, so wie er es mit allen Neuzugängen im Harem macht, und dann musst du bereit sein.

Ich werde dir heute die 1. Jadefrau-Übung beibringen, mit der du im Becken locker wirst und deine machtvolle sexuelle Energie in Bewegung bringst. Damit bekommst du die sinnliche Ausstrahlung, die den Kaiser so anzieht, und für dich die Kontrolle, die du benötigst, um deine und seine Lust zuverlässig anzuregen."

Mit den folgenden Worten setzte die erfahrene Jadefrau im Harem des Gelben Kaisers ihre Einführung für die 12-Jährige noch völlig unberührte schöne Ylang Yin fort: „Nur sieben Minuten braucht es täglich, um die Übungen durchzuführen, die ich dir zeigen werde. Sie wirken sehr tief auf allen Ebenen. Das Wichtigste ist, dass du die sechs Übungen regelmäßig jeden Tag immer in derselben Reihenfolge machst – nur dann entfalten sie ihre volle Wirkung. Und du darfst dies niemandem weitererzählen, denn sie sind sehr machtvoll in der Hand desjenigen, der sie anzuwenden weiß.

Das Allerwichtigste ist, dass du immer zuerst dein Herz öffnest, bevor du die Übungen anfängst. Nur mit einem offenen Herzen wirken die Übungen so, wie sie sollen. Höchste Liebeslust entsteht für dich und den Kaiser nur dann, ergänzte die erfahrene Jadefrau, wenn dein Herz ganz offen und erfüllt ist. Daher gilt für alle Übungen: Nimm ganz bewusst Verbindung mit deinem eigenen Herzen auf. Das tust du am besten, indem du in dich hinein lächelst und dieses Lächeln nach innen in Richtung Herz schickst."

Sie fuhr fort: „Zunächst einmal geht es für dich

darum, deinen größten Schatz, deine Lotusknospe, ganz genau kennenzulernen und die Energie deiner Eierstöcke zu aktivieren."

Ylang Yin hörte und sah aufmerksam zu, als die erfahrene Jadefrau ihr die erste Übung aufgab. „Deine Lotusknospe ist das erste Tor zu deiner Weiblichkeit. Es ist das, was du zwischen deinen Beinen hast und was von außen sichtbar ist. Du wirst mit dieser ersten Übung deine Lotusknospe so stärken, dass du die Blütenblätter, also deine zarten Venuslippen, die dein Tor verschließen, wie Blätter im Wind bewegen kannst.

Mit dieser allerersten Übung verbindest du die Elemente Erde und Wasser", sagte sie. „Das hilft dir, Stärke und die Kontrolle über dein erstes Tor zu erlangen. Du kannst damit nicht nur jederzeit deine Lust entfachen, sondern sie ist auch die Basis dafür, dass du auf natürliche Weise zu verhüten lernst. Und das ist besonders wichtig für dich, wenn du hierbleiben möchtest.

Bleibe immer mit deinem Herzen in Verbindung. Atme ruhig und gleichmäßig und bewege dich nur so schnell, wie dein Herz schlägt und du atmest. Nach den Übungen entspanne dich, spüre, wie es dir und deiner Lotusblüte geht, und bleib in Kontakt mit ihr."

Anleitung Jadefrau-Übung #1

Die Lotusknospe stärken

Stell dich schulterbreit hin. Leg die Hände auf deine Eierstöcke und lass deine Brust und dein Herz von einem frohen liebenden Gefühl durchströmen.

Entspanne deinen Kiefer und lächle tief in dich hinein.

Geh nun leicht in die Knie, als wenn du dich setzen möchtest, und beginne dein Kreuzbein zu kreisen:

8-mal im Uhrzeigersinn,
8-mal gegen den Uhrzeigersinn,
8-mal die schlafende 8 von links nach rechts,
8-mal die schlafende 8 von rechts nach links.

Während des Kreisens schließe (zusammenpressen) und öffne die äußere Öffnung der Yoni (1. Tor).

Lass die Wirbelsäule mit jeder Wiederholung locker und bewege sie synchron mit dem Kreuzbein.

Yoniflower, Bealuna del Mar, 2017, Acryl auf Leinwand

Ylang Yin hatte aufmerksam zugehört, was ihr die erfahrene Jadefrau erzählt hatte, und die erste Übung nachgemacht, doch die Übungen waren für sie noch sehr ungewohnt und sie konnte noch nicht so viel dabei spüren. Deshalb hatte sie bald die Lust daran verloren und mit dem Üben aufgehört. Sie hatte auch noch nicht so richtig verstanden, worum es wirklich ging.

Am nächsten Tag stellte die erfahrene Jadefrau Ylang Yin daher ein paar strenge Fragen, denn sie wusste sehr genau, worauf es ankam, nämlich aufs Üben, Üben und nochmals Üben. Sie fragte Ylang Yin Folgendes: „Wie war es? Hast du wirklich fleißig geübt? Was hast du erlebt? Erzähl mir alles ganz genau! Lass nichts aus! Ich will jedes Detail wissen.

- Hast du dafür gesorgt, dass du dir den Platz zum Üben angenehm eingerichtet hast?
- Hast du es dir warm und in schönen Farben hergerichtet, Blumen hingestellt und Ordnung geschafft, sodass du nicht abgelenkt wirst?
- Wie war es, dein Becken kreisen zu lassen und dich in der Form der schlafenden Acht – dem Symbol der Unendlichkeit – zu bewegen?
- Hast du dein Herz gespürt und gelächelt?
- Was genau waren deine Gedanken beim Üben?
- Oder hast du Ausreden gefunden, warum du keine Zeit zum Üben hattest?

Sei dir im Klaren darüber, dass deine Zeit hier im Harem begrenzt sein wird, wenn du nicht übst und nicht weißt, wie du dir selbst und dem Kaiser

Genuss verschaffst. Von jetzt an möchte ich, dass du jeden Tag fleißig übst.

Schau mal", sagte sie etwas versöhnlicher zu Ylang Yin, „wenn du dir eine feste Zeit vornimmst und ein kleines Zeitfenster von 7 bis 10 Minuten am Tag für dich einrichtest, in dem du dich ganz allein nur auf dich und deine lustvolle Weiblichkeit konzentrierst, dann wird dir das sehr helfen. Bedenke, welchen Wert es für dich hat, wenn du es schaffst, dir selbst und dem Kaiser höchste Lust zu verschaffen. Du wirst hier in Freude, Gesundheit und Wohlstand ein langes und glückliches Leben bei uns führen."

Die junge Ylang Yin nahm sich vor, von nun an fleißig zu üben, denn sie wollte unbedingt zeigen, dass sie es schaffen würde, den Kaiser zu begeistern und ein langes glückliches Leben mit den anderen Frauen zu führen.

Die schöne junge Ylang Yin war jetzt außerdem neugierig auf die zweite Übung, mit der sie ihre weibliche Lust in der Tiefe aktivieren konnte, um richtig feucht zu werden und den Kaiser damit um den Verstand zu bringen.

2 Der Fluss fließt zurück

Hormone aktivieren, feucht werden und bereit zu empfangen

„Ich hoffe, du hast fleißig geübt", sagte die erfahrene Jadefrau zur jungen und schönen Ylang Yin. „Das heißt aber noch lange nicht, dass du die Übungen in ihrer vollen Tiefe wirklich verstehst, denn es liegt ein gewaltiges Potenzial darin. Wenn du alle Übungen erst einmal kannst und sie täglich übst, dann werde ich dir noch die tieferen und feineren Wirkungen beibringen", ergänzte sie.

„Aber jetzt will ich dich erst einmal die zweite Übung ‚Der Fluss fließt zurück' lehren", vernahm die junge Jadefrau Ylang von der älteren. „Mit dieser Übung gelingt es dir, den Fluss der Energie in deinem Körper immer wieder zurückzuholen, deine weiblichen Drüsen kraftvoll anzuregen und richtig schön feucht zu werden.

Es geht außerdem darum, Kontrolle über das zweite Tor deiner weiblichen Lust, nämlich deine Cervix zu erlangen.

Deine Cervix ist der Eingang zu deinem Heiligtum, deiner Gebärmutter. Sie ist dein Riesenschatz, den du, wie auch deine Lotusknospe, unter allen Umständen hüten und sehr gut behandeln musst. Du erfährst jetzt den magischen Schlüssel zu tiefer weiblicher Lust und Erfüllung.

Aber da ist noch etwas: deine Brüste. Sie sind Quelle deiner und des Kaisers Lust. Es ist egal, wie klein oder groß sie sind. Mit dieser Übung wirst du sie straff und fest erhalten und sie werden gesund bleiben. Diese wunderschönen Lustbringer sind sowohl für dich als auch für den Kaiser besonders wichtig. Wenn du sie stimulierst, wie ich dir das jetzt zeigen werde, dann wirst du spüren, wie lustvoll das für dich und den Kaiser ist. Es gibt nämlich eine direkte Verbindung von deinen Brustdrüsen bis hin zur Gebärmutter – und diese sorgt dafür, dass sich deine Gebärmutter intensiv und lustvoll zusammen-zieht und öffnet.

Das ist die Vorbereitung zum späteren Höhe-punkt, aber bis dahin ist es noch etwas hin. Allein schon mit dieser Übung kannst du den Kaiser für immer für dich gewinnen! Du wirst also lernen, dir selbst eine tolle Brustmassage zu geben", sprach die Jadefrau zu Ylang Yin, die versuchte, bei all diesen ungewohnten Worten ihre Befangenheit und ihre Scham nicht zu sehr erkennen zu lassen.

Hier findest du nun die zweite Übungsanleitung!

Anleitung Jadefrau-Übung #2

Der Fluss fließt zurück

Steh etwas mehr als schulterbreit und bedecke deine Brüste fest mit deinen Händen (ohne BH).

Atme ein, während du die Brüste von innen nach außen massierst.

Jedes Mal, wenn du einatmest, presse Vagina und Gebärmuttermund zusammen und zieh dabei den Bauch ein.

Beim Ausatmen massierst du die Brüste von außen nach innen, während du leicht in die Knie gehst, die Knie auseinanderhältst und Vagina und Gebärmuttermund entspannst.

20-mal wiederholen in die eine Richtung,

20-mal wiederholen in die umgekehrte Richtung, die Brüste von außen nach innen massieren.

Frau mit Mieder, Bealuna del Mar, 2017, Acryl auf Papier

Ylang Yin hatte die zweite der Jadefrau-Übungen, „Der Fluss fließt zurück", fleißig geübt. Sie konnte aber einfach noch nicht spüren, wie dadurch ihre Hormondrüsen angeregt wurden. Doch sie wurde tatsächlich schon etwas feucht in ihrer Jadekammer und das freute sie sehr. Sie wollte so gern lernen, den Kaiser vollkommen um den Verstand zu bringen.

Am nächsten Tag wartete die ältere und erfahrene Jadefrau schon auf die junge Ylang Yin mit den Worten:

- „Hast du diesmal fleißig geübt?
- Was hast du erlebt?
- Hast du dafür gesorgt, dass du ungestört warst?
- Wie war das für dich, deine Brüste fest in die Hände zu nehmen und zu massieren?
- Konntest du dein zweites Tor, die Cervix, fühlen? Oder war da eher nicht viel zu spüren?

Es kann durchaus sein, dass du die ersten Male beim Üben nicht allzu viel spürst und auch noch nicht feucht wirst. Keine Sorge, das ist ganz normal!"

Und die Jadefrau erklärte weiter: „Deine Cervix (dein Gebärmutterhals) war es bisher nicht gewohnt, so viel Aufmerksamkeit zu bekommen und hat sich daher wahrscheinlich etwas zurückgenommen und taub gestellt. Wenn dem so ist, dann setz dich keinesfalls unter Druck, sondern entspann dich etwas, bleib geduldig und übe weiter!

Der Lohn, den du empfangen wist, wenn du beharrlich übst, wird dich für alles entschädigen.

Mit der Zeit wirst du immer mehr fühlen. Nun geh und übe weiter!", sagte die Ältere zur jungen Ylang, „denn morgen möchte ich dir die nächste und damit dritte Übung zeigen, mit der du die Lust so richtig anheizt und dem Kaiser deine Anmut und Grazie präsentierst.

Wir müssen uns beeilen", ergänzte sie, „der Kaiser hat schon nach dir gefragt. Bestimmt wird er dich bald sehen wollen. Morgen sollst du erfahren, was es mit der dritten Übung auf sich hat."

3 Die Weidenhüfte

Schmetterlinge im Bauch und die Süße des Lebens fühlen

„Nun hast du die ersten zwei geheimen Übungen gelernt", sagte die erfahrene Jadefrau zur jungen Ylang Yin. „Du hast erfahren, was es mit den beiden Toren deiner Weiblichkeit auf sich hat. Da gibt es das äußere und das innere Tor deiner Lust sowie deine Brüste. Du hast gelernt, wie du deine Lust mithilfe deiner Eierstöcke aktivierst und feucht wirst.

In der nun folgenden dritten Übung geht es darum, die Lust richtig anzuheizen und weiter zu steigern. Du wirst beginnen, ein bisschen zu spielen, um dich graziös und anmutig zu zeigen."

Während Ylang Yin immer verlegener wurde, fuhr die Jadefrau fort: „Jetzt geht es darum, mit der Übung ‚Die Weidenhüfte' die Lust anzuheizen und mithilfe der seitlichen Beckenbewegung in deinem gesamten Körper auszudehnen. Stell dir einfach vor, du tanzt wie ein Fisch im Wasser.

Dazu wirst du auch deine wunderschöne Perle, deine Klitoris und ihren gesamten versteckten

Schaft, der unter den Venuslippen liegt, aktivieren." Und die Jadefrau fügte erklärend hinzu: „Die Klitoris ist mehr als nur eine kleine Perle, ihre Flügel sind ganze 8 bis 10 Zentimeter lang und sie ist über Nervenbahnen mit der Cervix (dem Gebärmuttermund) verbunden. Daher kommt ihr eine ganz besondere Bedeutung bei der Erregung und Steigerung deiner Lust zu."

Ylang Yin lauschte aufmerksam und war fasziniert von dem, was sie da erfuhr. „Abgesehen von all dem macht dich ‚Die Weidenhüfte' sehr flexibel, verleiht dir einen graziösen anmutigen Gang und formt eine schöne Taille", erfuhr sie weiter.

„Ich werde dir nun diese Übung vormachen", sagte die erfahrene Jadefrau, während sie sich ein kleines Handtuch zur Hilfe nahm. „Das brauchst du dazu, oder irgendein Stück Stoff oder einen Strumpf", ergänzte sie dann noch. „Aber pass auf, dass der Kaiser dabei noch nicht in einen berauschenden ekstatischen Orgasmus fällt, denn dann hast du verspielt.

Geh also ganz sanft und entspannt damit um und beobachte genau deine und des Kaisers Reaktionen."

Die junge Ylang Yin war jetzt schon sehr verunsichert wegen all dieser ungewohnten neuen Erklärungen. Sie fragte sich innerlich, wie sie diese Übung wohl mit dem Kaiser umsetzen sollte. Die erfahrene Jadefrau merkte das natürlich und schien ihre Gedanken zu lesen. Deshalb pausierte sie erst einmal mit der Unterweisung der schönen jungen Ylang Yin, um dem Mädchen Zeit zu geben, alles zu verarbeiten.

„Weißt du", sagte sie zu Ylang, „das Allerwichtigste ist einfach, dass du ganz natürlich bleibst und darauf achtest, dass du selbst dabei Lust empfindest. Alles andere wird sich finden. Das ist dein Schlüssel zum Glück. Und nun komm, ich zeige dir, wie die Übung aussieht."

Damit stellte sich die Jadefrau vor Ylang Yin hin, steckte sich das kleine zusammengerollte Handtuch zwischen die Beine, sodass es ihre Klitoris stimulieren konnte, verschloss die Beine und brachte beide Hände zusammengefaltet vor ihre Brust zusammen.

Sie lächelte in ihr Herz und begann die Weidenhüfte zu zeigen.

Übungsanleitung Jadefrau-Übung #3

Die Weidenhüfte

Press deine Zunge mit der Spitze hinter die Zähne an den oberen Gaumen.

Atme sanft und entspannt durch die Nase.

Deine Füße und Beine stehen zusammen und zwischen den Oberschenkeln, so nah wie möglich an deinen Venuslippen, hältst du eine kleine Rolle aus Socken oder ein zusammengerolltes Handtuch.

Bring die Hände vor deinem Brustkorb zusammen und bewege sie so in einer S-Bewegung von links nach rechts wie ein Fisch im Wasser.

Wenn die Hände sich nach links bewegen, bewegt sich der Po nach rechts, wenn die Hände sich nach rechts bewegen, bewegt sich der Po nach links.

Teile jede Bewegung in drei Teile auf: oben, Mitte, unten.

Achtung: Den Po nicht übermäßig nach hinten herausstrecken bzw. den Oberkörper nicht zu sehr nach vorne lehnen.

Der Musikfisch, Bealuna del Mar, 2015, Acryl auf Karton

4 Den Frühling bewahren

Leicht, jugendlich und gesund sein

Nach der dritten Übung spürte Ylang Yin, wie sich in ihrem Becken und ihrer Vagina die Lust regte. Sie konnte außerdem fühlen, wie Schmetterlinge in ihrem Bauch erwachten. Wow, dachte sie, so langsam fängt es an, mir Spaß zu machen. Sie wurde neugierig auf den Tag, an dem sie dem Kaiser das erste Mal begegnen sollte.

Doch die erfahrene Jadefrau meinte, sie müsse noch weiter üben, damit sie den Kaiser nicht enttäuschen würde. Außerdem wäre das erst der Anfang gewesen und nun kämen die wirklich entscheidenden Übungen.

„Ylang Yin", sprach sie, „es reicht nicht, nur die Lust im Becken anzuregen und ein bisschen Schmetterlinge im Bauch zu spüren. Es geht jetzt darum, dass du bewusst lernst, die Leichtigkeit beim Liebesspiel zu bewahren und deine Jugendlichkeit und deine Gesundheit bis an dein Lebensende zu erhalten. Du musst dich dafür von allen schweren Gedanken befreien und lernen, das Feuer deiner Lust bis in den Brustraum hinein auszudehnen.

Pass auf, was ich dir jetzt sage: Es ist ein Geheimnis, das du dir unbedingt bewahren musst. Hier im Harem gibt es viele Frauen, die jung und schön sind und die gern die Favoritin des Kaisers wären. Je besser du die Übungen beherrschst, je gefühlvoller du sie machst, umso sicherer und schöner wird hier dein Leben werden.

Denn Jugend vergeht, aber Schönheit und Gesundheit kannst du dir auch in höherem Alter erhalten. Das ist sehr wichtig für dich. Etwas oberhalb deiner Brüste sitzt deine Thymusdrüse. Konzentriere dich nach und nach immer mehr darauf, wenn du die vierte Übung machst. Diese Drüse ist die Quelle deiner Jugendlichkeit und Gesundheit."

Ylang Yin konnte sich nicht vorstellen, wie es sein würde, älter zu werden. Sie war doch erst 12. So richtig krank war sie auch noch nie gewesen. Doch sie glaubte fest daran, was ihr die erfahrene Jadefrau sagte. Es blieb ihr auch gar nichts anderes übrig, denn sie wusste genau, dass ihr Leben hier davon abhing, wie gut sie die Übungen lernen und mit dem Kaiser gemeinsam machen würde.

Sie selbst fand sich gar nicht besonders schön und war sich über den Wert ihrer Jugend nicht im Klaren. Niemand hatte ihr in ihrem Dorf erzählt, dass sie schön war. Sie war in aller Unschuld großgeworden, ihre Eltern hatten sie geliebt und alles dafür getan, dass sie geschützt und sicher war. Nun spürte sie das erste Mal so einen Stich im Herzen. Sie hatte Sehnsucht nach zu Hause, nach ihren Eltern und

Geschwistern. Doch sie wusste, es gab nur diesen einen Weg.

Also sah sie zu, wie die Jadefrau begann, ihr die vierte Übung vorzumachen. Diese rollte dabei ihren Kopf seitlich von vorne nach hinten und ihr Becken wölbte sich halb seitlich vor und zurück. Es sah nicht ganz so leicht aus, diese Übung. Aber Ylang Yin war fest entschlossen, auch diese Übung zu meistern.

Übungsanleitung Jadefrau-Übung #4

Den Frühling bewahren

Steh mit geschlossenen Füßen.

Press die Zunge mit der Spitze hinter die Zähne an den oberen Gaumen.

Behalte die Arme eng an deinem Körper und lass die Schultern rückwärts nacheinander kreisen.

Dein Blick folgt dabei der Bewegung deiner Schultern.

Versuche, die Bewegungen so groß wie möglich zu machen.

Fühle die Wirbelsäule locker und flexibel.

Madeira Flowers, Bealuna del Mar, 2014

5 Der Phönix steigt aus der Asche

Strahlende Schönheit zeigen, den Moment vor dem Abheben auskosten

Die Jadefrau schien Gedanken lesen zu können.

„Ylang Yin", sagte sie, „du warst bei der vierten Übung nicht ganz bei der Sache, habe ich recht? Dein Herz war schwer – hast du an zu Hause gedacht?"

Ylang Yin wurde rot. Sie hatte das Gefühl, die Jadefrau könnte in ihr lesen wie in einem Buch. Wobei sie selbst nicht lesen konnte. Das war auch bisher nicht notwendig gewesen. Einzig und allein ihre jugendliche Schönheit und ihre Unberührtheit hatten sie hier an diesen Ort gebracht.

Die Jadefrau war gerührt, denn sie konnte das Mädchen so gut verstehen. War sie doch selbst einmal vor vielen Jahren von ihren Eltern getrennt und in den Harem des Gelben Kaisers gebracht worden. Damals hatte sie sehr unter der Trennung von ihren Eltern und Geschwistern gelitten. Doch sie musste sich fügen und sie hatte es geschafft, dennoch nicht hart zu werden.

„Ylang Yin", sagte sie, „was ich dir jetzt sage, ist

sehr bedeutend, wie schwer es dir auch gerade erscheinen mag. Das ist der wichtigste Rat, den ich dir mit auf den Weg geben kann. Bei allem, was du tust, ganz gleich, was es ist, ob du die Übungen allein machst, ob du sie mit dem Kaiser machst, ob du an deine Eltern denkst oder andere Dinge erledigst, ist nur eines wirklich ganz wichtig:

Behalte dein Herz offen! Lass niemals zu, dass du dein Herz verschließt, sondern lass immer die Freude hindurchfließen und teil dieses Gefühl mit den anderen. Wenn du nämlich deine Gefühle in dir verschließt und dein Herz hart wird, dann verlierst du deine weibliche Ausstrahlung und deine wundervolle weiche Anmut. Du wirst dann auch das Gefühl in deinem Becken verlieren. Das wäre sehr fatal, denn der Kaiser würde das sofort spüren und dich entlassen.

Mit der nächsten Übung wirst du lernen, deine Gefühle kreativ auszudrücken, dich in deiner vollen Schönheit zu präsentieren und gleichzeitig dein Herz offen zu halten", schloss sie ab.

Ylang Yin lauschte ihr aufmerksam und war betroffen, wie gut die Jadefrau ihre Gefühle verstehen konnte. Sie fühlte sich angenommen und spürte Wärme in ihrem Herzen.

„So ist es gut", sagte die Jadefrau zu ihr. Du wirst hier einmal die Beste werden. Ich kann es fühlen. Lass alle schweren Gedanken los und schau her. Ich zeige dir jetzt, wie du wie ‚Phönix aus der Asche' steigst. So heißt nämlich diese Übung, und sie bereitet dich auf das Finale vor, den

Orgasmus, die Ekstase der Lust. Aber noch ist es nicht so weit."

Die Jadefrau breitete die Arme zu den Seiten aus und begann sich in ihrer noch immer vorhandenen Schönheit zu präsentieren, wobei sie ihre Hände in zierlichen kleinen Bewegungen abwechselnd nach vorne rotierte. Ihr ganzer, ebenfalls noch wunderschöner und zarter Körper machte dabei winzige seitliche Bewegungen. Es sah aus, als ob sie gleich in Ekstase geraten würde.

„Bei dieser Übung musst du sehr achtgeben", sagte sie zu Ylang Yin. „Wenn du hier deine Lotusblüte nicht unter Kontrolle hast und zu sehr anspannst, dann wird das Liebesspiel vorzeitig enden. Also bleib sehr entspannt, denn trotz der subtilen Bewegung ist diese Übung äußerst intensiv."

Übungsanleitung Jadefrau-Übung #5

Der Phönix breitet seine Flügel aus

Steh mit den Füßen schulterbreit.

Streck die Arme zu beiden Seiten lang aus.

Lass die Hände abwechselnd an den Handgelenken nach innen und vorne kreisen.

Bei jeder Bewegung befreist du den Brustraum von Stress und Spannungen.

Die Schultern und die Wirbelsäule bleiben locker und schwingen mit den Bewegungen.

Der Pfau, Bealuna del Mar, 2018, Acryl mit Gliter auf Karton

6 Der Bambus im Wind

Ekstatische erfüllende Höhepunkte, multiorgasmischer Sex

Ylang Yin hatte aufmerksam zugehört und zugesehen, wie die Jadefrau ihr den Phönix gezeigt hatte, der aus der Asche steigt. Sie hatte fleißig geübt. Dabei hatte sie gespürt, dass sie sich mit dieser Übung in ihrer vollen Schönheit zeigen musste. Das war ihr nicht so leichtgefallen. Sie hatte etwas Scham verspürt, sich so offen zu präsentieren, während sie gleichzeitig immer mehr Gefallen daran fand.

„Was wird nun kommen?", fragte sie sich in Gedanken. „Diese letzte Übung musste sehr stark sein", dachte sie sich, „wenn ich dadurch Fülle und Wohlstand erlangen kann." Sie hatte keine Ahnung, was da auf sie zukam, als die Jadefrau sie in ihr Zimmer rief, um ihr die letzte Übung zu zeigen.

Sie betrat das Zimmer der Älteren, die schon auf sie gewartet hatte.

„Nun", sagte diese zu Ylang Yin, „heute ist dein großer Tag. Ich habe eine Überraschung für dich. Du wirst die letzte Übung lernen und außerdem wirst du heute das erste Mal den Kaiser treffen."

Ylang Yin wäre beinahe am liebsten sofort wieder umgedreht und weggerannt. Sie stand da, feuerrot im Gesicht vor Scham und Aufregung und wusste nicht, was sie sagen sollte.

„Mädchen", sagte die Jadefrau zu ihr, „der Kaiser hat nach dir gefragt. Und ich habe ihm gesagt, dass du so weit bist, mit ihm das Spiel der Lotusblüte und des Lotusstabs zu spielen. Du wirst nun noch erfahren, was es mit der sechsten Übung auf sich hat. Danach werden dich die anderen Frauen baden, einsalben, kämmen und schön einkleiden – und dann wirst du zum Kaiser gehen.

Er wird dich erwarten und Ihr werdet Tee miteinander trinken. Du wirst mit ihm eine angenehme Konversation betreiben, so wie ich es dir beigebracht habe. Mach alles so, wie du es gelernt hast. Sprich nur liebevolle Worte zu ihm. Sage aufrichtig, wie es dir geht, aber halte dich damit kurz und lass ganz viel Liebe fließen. Dein Herz wird seines bald erobern, da bin ich sicher. Er wird dich dann einladen, dich tanzend zu zeigen. Tu, wie dir gesagt wird, und tanze zunächst die Übungen ganz allein für ihn. Es ist wichtig, dass du selbst dabei Vergnügen empfindest. Ich weiß, dass du das gut kannst.

Wenn er dich einlädt, auf sein Bett zu kommen, dann zögere etwas, aber halte dich nicht zu lange damit auf. Küsse ihn, wie ich es dir gezeigt habe, und lass deine Fantasie spielen, um dich und ihn zu entkleiden. Bleib ganz natürlich und sei über nichts, was du siehst, erstaunt oder verwundert. Aber nun zur letzten wichtigen Übung, die ich dir heute zeigen werde.

Mit dieser letzten Übung, ‚der Bambus im Wind‘, hast du alles, was du noch brauchst. Wenn du sie langsam und ruhig für eine Weile ganz erwartungslos ausführst, während du auf ihm sitzt, werdet Ihr beide in die orgasmische Ekstase gelangen. Das ist so gewiss, wie der Jadestein grün ist, den du von mir erhalten hast und der deinen hübschen Hals ziert.“

Ylang Yin hatte nun ihre Fassung wiedergewonnen und entsann sich, dass sie ihr Herz offenhalten wollte. Sie ließ die Freude in ihren Brustraum fließen und erlaubte ihrer Lust, sich im Becken auszubreiten und durch den Körper zu fließen. In Gedanken machte sie alle fünf Übungen noch einmal, während sie der Jadefrau zusah, wie diese den „Bambus im Wind“ vormachte.

Die Übung sah überwältigend aus, wenn die Jadefrau sie machte. Ylang Yin hoffte inständig, sie würde auch bei ihr so wundervoll aussehen und ihre Wirkung entfalten, wenn sie den Kaiser nachher in seinen Gemächern treffen würde.

Übungsanleitung Jadefrau-Übung #6

Der Bambus im Wind

Steh etwas mehr als schulterbreit. Dreh deinen oberen Körper nach links, während du einen imaginären Baum umarmst.

Das Körpergewicht ist auf dem linken Fuß.

Verlagere nun das Gewicht auf den rechten Fuß, während du den Baum auch auf die andere Seite verlagerst.

Wie ein Bambus im Wind, hebe die Arme über den Kopf auf die linke Seite und wieder zurück auf die rechte Seite, in die Baum-Umarm-Haltung.

Von dieser Position bringe den Baum auf die linke Seite.

Wie ein Bambus im Wind hebe die Arme über den Kopf auf die rechte Seite und wieder zurück auf die linke Seite, in die Baum-Umarm-Haltung.

Wiederhole die Übung auf der anderen Seite.

Bliss, Bealuna del Mar, 2015, Acryl auf Karton

7 Der Schlüssel für die Meisterschaft

Worauf es ankommt und wie du das Jade-Ei nutzt

Die Jadefrau machte eine kurze Pause, während die 12-jährige schöne Ylang Yin ihr versonnen, aber dennoch aufmerksam zusah. Die Erfahrene spürte, dass das Mädchen eigentlich noch mehr Zeit brauchte, um alles für sich zu verarbeiten. Doch diese Zeit würde es nicht geben, denn der Kaiser hatte nach ihr gefragt und duldete keinen Widerspruch.

Deshalb sagte sie Ylang Yin Folgendes:

„Weißt du, als ich so jung war wie du, da kam auch ich hier in diesen Harem, war unerfahren und wusste nicht, was mich erwartete. Doch", fuhr sie fort, „wisse, dass dein Aufenthalt hier bei uns die beste Wahl für dich ist – unter genau einer Bedingung …"

„Oh", fragte Ylang Yin neugierig, „und welche ist das?"

„Die Bedingung ist, dass du Meisterschaft in den Jadefrauen-Übungen erlangst."

„Was genau ist diese Meisterschaft?", fragte Ylang etwas ungeduldig. Sie fragte sich, was es da noch geben sollte, da sie schließlich alle Übungen beherrschte.

Die Jadefrau ahnte erneut ihre Gedanken und antwortete:

„Die Meisterschaft ist, wenn du die Kontrolle über deine Fruchtbarkeit erlangst. Aber dazu brauchst du einen besonderen Schlüssel. Dieser Schlüssel, der dir das Tor für deine Meisterschaft öffnet, liegt darin, dass du bereit bist, dein Ego zurück-zunehmen."

Damit hatte Ylang Yin nicht gerechnet. Sie verstand es auch noch nicht ganz und das war der Jadefrau natürlich klar. Aber die erfahrene Frau wusste, dass es eine Entwicklung war und so sagte sie nichts weiter außer das:

„Du hast jetzt noch etwas Zeit, liebe Ylang Yin, denk darüber nach."

Damit war die Unterweisung beendet und Ylang Yin verließ das Zimmer der Jadefrau. Sie wurde nun von den anderen Frauen ins Bad begleitet und für ihren ersten Besuch beim Gelben Kaiser vorbereitet.

Ihr war vollkommen klar, dass sie, wenn sie diesen ersten Besuch gut absolvierte, hier noch viel mehr Geheimnisse erfahren würde.

Das Jade-Ei

Das erste Treffen mit dem Gelben Kaiser lag nun hinter Ylang Yin. Nach diesem Treffen mit dem Kaiser hatte sich für Ylang Yin eine ganz neue Welt eröffnet. Sie fühlte sich genährt und kreativ, sie war so gespannt darauf, alles der Jadefrau zu erzählen und zu hören, was diese dazu sagen würde.

Als sie am nächsten Tag zur Jadefrau ging, war diese gar nicht erstaunt darüber, was sie hörte. Sie sagte nur:

„Ylang Ying, du hast dein erstes Mal wunderbar gemeistert. Aber denk daran, das war erst der Anfang. Jetzt wird es richtig spannend. Du weißt nie, wann dich der Kaiser wieder zu sich rufen wird. Daher ist es sehr wichtig, dass du unabhängig davon täglich die Übungen machst.

Doch das wirst du nicht einfach so wie bisher weitermachen, sondern du wirst es ab jetzt mit einem Jade-Ei durchführen. Hier", sagte sie, und überreichte ihr ein kleines hellgrünes Ei aus echter Jade, „hüte das wie deinen Augapfel. Es ist mein Geschenk an dich. Ich erzähle dir jetzt, wozu das gut ist.

Bevor du die Übungen von nun an täglich machst, wirst du dir dieses Jade-Ei in deine Vagina einführen. Mit dem Ei werden die Übungen noch viel intensiver. Es wirkt wie eine innere Massage. Du kannst nämlich nicht davon ausgehen, dass der Kaiser dich bald wieder zu sich rufen wird. Er ist so beschäftigt mit vielen Dingen und jeden Monat kommen hier mehrere neue Frauen in den Harem, die er alle ausprobieren möchte. Deshalb kann es sein, dass du lange nichts mehr von ihm hören wirst. Umso wichtiger ist es in dieser Zeit, deine Lust und deine Herzensfreude zu bewahren. Denn wenn er dich ruft, musst du sofort bereit sein."

„Oh", dachte Ylang Yin, „das habe ich mir aber nicht so gedacht. War ich nicht gut genug? Ich dachte, der Kaiser würde mich nun öfter zu sich rufen." Aber das schien nicht der Fall zu sein. Sie merkte, wie enttäuscht sie war.

Doch die Jadefrau ließ ihr nicht viel Zeit für weitere Gedanken. Sie erzählte weiter:

„Wenn du das Ei einführst, achte darauf, dass es sich gut anfühlt, dass es schön warm und angefeuchtet ist und sich leicht einführen lässt. Sobald es dir unangenehm wird, spüre einen Moment genau hin und nimm wahr, was da ist. Entscheide dann, ob du es lieber herausnehmen willst.

Vermeide das Jade-Ei, wenn du Schmerz oder sehr viel Anspannung in deiner Vagina verspürst, wenn du Verstopfung hast oder wenn du beim Stuhlgang oder beim Wasserlassen pressen musst. Wenn du Schmerzen in der Hüfte oder im unteren Rücken hast, lass es bleiben und heile dich zuerst. Sprich mich dann an.

Übertreib es auch nicht, sondern hör mit den Übungen auf, wenn deine inneren Muskeln in deiner Lotuskammer müde sind oder du zu viel

Anspannung entwickelst. Sei dir immer bewusst, die Übungen mit einer entspannten inneren Körperhaltung zu machen."

Ylang Yin nahm das kleine grüne Jade-Ei dankbar an sich und legte es in den kleinen roten goldbestickten Beutel, den ihr die Jadefrau dazu noch gegeben hatte.

„Halte das Ei mit lauwarmem, klarem Quellwasser immer schön sauber", fuhr die Jadefrau fort, „und trage es am besten immer bei dir. Wenn Vollmond ist, lege das Ei zur Reinigung für ein paar Stunden in das Mondlicht. Damit werden alle negativen Energien gelöscht und das Ei wird wieder energetisch aufgeladen. So wirst du lange daran Freude haben. Möge es dir Glück bringen.

Hier endet nun die kleine Geschichte der Jadefrau Ylang Yin, die später zur Hauptfrau des Gelben Kaisers von China wurde und ihn bis an sein Lebensende mit ihren Liebeskünsten und ihrer Weisheit und Offenheit begleitete. Die Jadefrau Ylang Yin war sehr machtvoll und wurde selbst über 100 Jahre alt. Als sie starb, gab es ein großes Fest zu ihrem Gedenken. Ihre Seele aber reiste an einen sehr fernen Ort, um sich auszuruhen und um irgendwann in der Geschichte der Menschheit wieder zurückzukehren.

Hat dir die Geschichte gefallen und hast du die Übungen praktizieren können?

Du bist jetzt bereit für die hohe Schule der Sinnlichkeit! Auch du wirst nun bald als wahre Könnerin wissen, wie du deine Lust und die deines Partners ins Unendliche zu steigern vermagst, tiefe Erkenntnisse in der orgasmischen Ekstase erlangst und damit Fülle und Reichtum in dein Leben bringst. Du bist die sinnliche Schöpferin deines Lebens.

Möchtest du gern mehr erfahren? Ich habe für dich alle sechs Übungen in einem Video-Online-Kurs zum Selbstlernen zusammengestellt, mit dem du innerhalb von drei Wochen in ausführlichen Videos, hübsch illustrierten Beschreibungen zum Download und vielem mehr alles erhältst, um diese machtvollen Übungen für dich allein zu praktizieren. Hier ist der Link für den Onlinekurs:
https://bealuna.sinnlichesfeuer.com/lp-jadefrauen-kurs/

Hast du keine Lust darauf, allein zu lernen oder fällt es dir schwer dranzubleiben? In meinem Jahreskurs bekommst du persönliche Unterstützung und du lernst, wie du dich mit deiner Sinnlichkeit auch im Business ganz entspannt zeigst. In einer privaten Facebookgruppe mit anderen Frauen kannst du dich austauschen und erfährst viele interessante Möglichkeiten zur Steigerung deiner sinnlichen Kreativität. Hier gelangst du zum Jahreskurs: *https://bealuna.sinnlichesfeuer.com/lp-jadefrauen-kurs-abo/*

Hast du persönliche Fragen? Ich bin gern für dich da. Schreib mir einfach an info@sinnlichesfeuer.com.

Von Herzen
Deine Bealuna

9 Eine Vision des Möglichen

Was wird wohl in 100 Jahren sein?

Ich stelle mir vor, die neue Zeit wird friedlich und orgasmisch sein. Babys werden im Orgasmus geboren, Menschen leben orgasmisch und sterben im Orgasmus. Männer, Frauen, Kinder aller Rassen der Welt leben in friedlichem Miteinander, auch mit den Tieren.

Friedliche Aliens in Menschengestalt werden die Welt mit ihrer Weisheit und ihrem Weitblick leiten und organisieren. Der Überfluss der Natur wird allen zugänglich gemacht. Die Menschen werden gesund sein, allein durch ihre Ernährung und weil sie sich so bewegen, wie ihr Körper es ihnen mitteilt. Sie werden gelernt haben, ihren Körper zu lieben, zu pflegen, mit ihren Gedanken, Emotionen und Bedürfnissen gut umzugehen und für sich zu sorgen.

Es wird Vertrauen untereinander herrschen und jede Menge Spaß und Freude geben. Familien verbringen ihre Zeit miteinander und freuen sich am Wachstum ihrer Sprösslinge. Es wird viele verschiedene Beziehungsformen geben, Lust und Liebe können sich in allen Formen und Varianten frei ausdrücken.

Communities, in denen alle Altersgruppen zusammenleben, werden sich durchgesetzt haben. Die Schulen werden innerhalb der Communities geführt, die die Kreativität fördern und ihre Lehrprogramme offen und kindgerecht gestalten.

Die Welt in 100 Jahren wird aus der Erde, dem Mond, dem Mars und anderen Planeten bestehen. Menschen werden hinreisen, um dort zu leben und zu wirken. Es wird an Teleportation gearbeitet. Die ersten Tests werden vorbereitet.

Die Energiegewinnung wird ganz leicht gehen, denn die Sonnenenergie wird automatisch für alles genutzt. Man hat längst entdeckt, wie man auch die Steine und andere Materialien für die Energieerzeugung nutzen kann. Es wird mehr als genug Energie für alles vorhanden sein.

Die Meere der Erde werden wieder sauber und die Regenwälder und andere Wälder nachgewachsen sein. Man wird gelernt haben, Plastik und anderen Müll sinnvoll zu recyclen. Die Erde wird fruchtbar sein, es wird nur noch mit biologischen natürlichen Mitteln gedüngt. Man wird gelernt haben, die Pflanzen in Permakultur optimal anzubauen. Wenn die Natur überwuchert, wird man diesen Überschuss für die anderen Planeten und Wohnsitze verwenden.

Die Kinder der Kinder unserer Kinder werden zu den Sternen reisen, dort, wo sie hergekommen sind.

Sie werden die Weisheit des Universums verstehen können und sie nutzen, um in Liebe und Frieden lustvoll miteinander zu leben.

Danksagung

Danke Danke Danke!

Allen Menschen, die mich auf meinem Lebensweg begleitet haben und die somit direkt oder indirekt zur Entstehung dieses Buchs beigetragen haben, möchte ich hiermit danken!

Ich danke meiner Mutter für die Offenheit und die Stärke, die ich durch sie in meinem Leben finden konnte, weil sie so war wie sie war und mich mit ihrer Liebe und ihrer Weiblichkeit inspiriert und unterstützt hat. So konnte ich meinen eigenen Weg finden.

Speziell für dieses Buch möchte ich den Männern in meinem Leben danken, die mich darin unterstützt haben, das zu sein, was ich jetzt bin, nämlich eine strahlende glückliche Frau, die sich jung und gesund und voller Kreativität und Freude fühlt. Vor allem danke ich den Männern, die ein Stück Lebensweg mit mir gegangen sind bzw. immer noch gehen. War dieser Weg manchmal auch noch so kurz oder schwierig, waren doch sie es, die immer sehr viel in mir bewegt haben und die mir geholfen haben, meine Lebendigkeit und Liebe in mir zu bewahren und den leidenschaftlichen Funken in mir wieder zu entflammten.

Ich danke meiner Lektorin Monika Stolina für ihre wertschätzende und aufmunternde Begleitung und Nathalie Geiger für das schöne Cover dieses Buchs.

Ich danke insbesondere den Jadefrauen, die einer Legende zufolge vor 4000 Jahren beim Gelben Kaiser lebten und all jenen Frauen, die diesen Mythos und die Übungen bis in die heutige Zeit bewahrt und weitergegeben haben. Mögen noch viele Frauen diese Legende weitertragen und die Übungen in der ganzen Welt verbreiten und dazu beitragen, eine orgasmische ekstatische Welt der Lust und der Freude zu erzeugen.